AF456703
Biographie de S
J
J 24364

SAINT CHRISTOPHE

Lyon, le 23 juin 1870.

Vu et approuvé par nous, vicaire général,

PAGNON.

BIOGRAPHIE

SAINT CHRISTOPHE

PAR

L'ABBÉ CHAVANNE
C. de T.

LYON
IMPRIMERIE D'AIMÉ VINGTRINIER
rue de la Belle-Cordière, 14.

1870

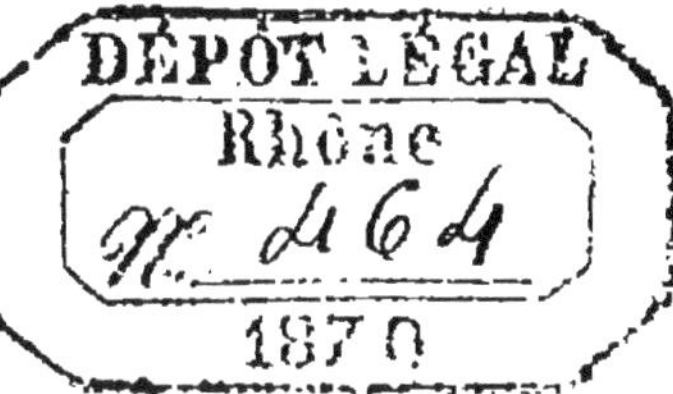

BIOGRAPHIE

SAINT CHRISTOPHE

> Christophorum videas,
> Postea tutus eas.
> (Vers léonins, passés en adage
> dans tout le moyen âge).

I

Saint Christophe.

L'Eglise grecque et latine, ainsi que les savants biographes, croient et attestent la vérité de l'existence de saint Christophe, de même que celle du culte rendu partout à ses reliques.

L'étymologie de son nom vient du latin qui exprime bien sa composition de deux mots grecs, *Christo phoros* (1), et signifie : porte Christ, parce que ce juif converti se fit apôtre et porta la parole du Christ au pays de Lycie ; et, dans un autre sens, parce qu'il portait l'amour de Dieu dans son cœur.

C'est dans ce dernier sens que S. Ignace d'Antioche, martyr, se donna le nom de *théophane*, qui veut dire porte-Dieu.

Que ces deux saints personnages aient pris ce nom, ou que les premiers chrétiens le leur aient donné, toujours est-il que saint Christophe représentera toujours à l'esprit la figure d'un homme de haute stature ou géant, portant à cheval sur son épaule gauche l'enfant Jésus, aux cheveux bouclés, aux yeux brillants, à la bouche souriante, tenant sur son genou, la main posée dessus, le globe ter-

(1) Cordeney-Tillement et quelques autres écrivains.

restre; et sous le poids de cet enfant si tendre, si frêle, le géant Christophe, visiblement affaissé, s'appuie avec effort, en le regardant avec surprise, sur un arbre de pin garni de ses rameaux, qui lui sert de bâton pour marcher à travers les eaux qu'il est forcé de traverser dans ses courses apostololiques pour porter ailleurs la lumière de l'Evangile, et souvent obligé de transporter d'une rive à l'autre des néophytes ou des catéchistes. *Pinus vestigia firmat.*

Cette version ne doit point étonner. Est-ce que les païens ne représentaient pas leur *Atlas* courbé, gémissant sous un énorme globe terrestre qui l'affaissait de tout son poids?

Christophe dit à l'enfant qu'il ignorait qui il était : Tu es plus pesant *que les autres*. Et l'enfant répondit : *Oui, je suis plus pesant que le monde*, et disparut à ses yeux étonnés.

Marque sensible de sainteté.

La légende allemande fait de saint Christophe, un payen qui aurait été converti par Notre-Seigneur, lui-même , au moment où il le passait d'une rive à l'autre sous la figure d'un petit enfant.

II

Son pays natal, sa vie, sa mort.

Saint Christophe était chananéen de nation ; après avoir embrassé le christianisme, reçu le baptême et la confirmation, il se fit missionnaire, quitta son pays en l'an 253, pour aller prêcher l'Evangile en Lycie, province de l'Asie Mineure.

Dèce, l'empereur romain, exerçait alors une sanglante persécution contre les chrétiens. Ces dangers n'effrayèrent pas ce zélé propagateur de la foi en Jésus-Christ. Après un an d'apostolat fructueux, il finit par être arrêté et jeté dans les fers, livré plusieurs jours de suite à d'affreuses tortures telles que l'eau bouillante, le fouet plombé, le fer rougi au feu, mais il lassa la férocité des bourreaux ; et comme sa contenance inébranlable convertissait une multitude d'infidèles, le tyran lui fit trancher la tête pour arrêter, disait-il, ce mauvais exemple. C'est pourtant ce mauvais exemple qui convertit tout le reste du pays. Ainsi saint Christophe couronna sa vie par un glorieux martyr.

III

Son culte.

C'est le 9 mai que les Grecs célèbrent sa fête.

Plus tard, Valence, en Espagne, l'a fixée au 10 juillet, et voici à quelle occasion.

Pendant que saint Vincent Ferrier prêchait aux juifs de cette ville pour les amener à croire en Jésus ressuscité, saint Christophe apparut plusieurs fois à un grand nombre de juifs, négociants pour la plupart, pour les presser d'abandonner la loi de Moïse et d'embrasser celle de Jésus-Christ. Ce qu'ils ont attesté par serment écrit et signé de leurs mains. Alors s'en suivit une conversion générale ; leur synagogue fut changée en église et consacrée par l'évêque le 10 juillet, sous le patronage de saint Christophe.

Mais c'est le 25 juillet que sa fête est célébrée dans toute l'Eglise latine, parce qu'on croit communément qu'en l'an 254 ce bienheureux reçut la palme du martyre.

Dès les premiers temps après sa mort, son culte se répandit rapidement dans l'Orient et l'Occident.

Beaucoup d'églises enrichirent leur trésor de ses reliques qui furent très-multipliées; vu la taille de ce colosse d'homme (1).

Bien de nouvelles paroisses se réfugièrent sous son patronage.

---

(1) Baillet.

IV

Légende.

Au XIIe siècle, à Paris, une figure en argent (1) de notre saint existait dans le trésor de la Sainte-Chapelle. Elle était établie sur un piédestal que supportaient des lions accroupis avec ces deux vers léonins :

Christophori sancti faciem quicum tuetur
Illo nempe die, nullo langore tenetur.

En langage vulgaire en usage de ce temps très-répandu parmi le peuple, on disait ;

« Regarde saint Christophe et puis va-t'en tranquille;

« Tu ne mourras ni subitement, ni par accident pendant la journée. »

---

(1) Du poids de 5 marcs 1 denier 2 gros.

Au XIIIe siècle, D'Archambaud, maire du palais sous Charles II, possédait une statue du saint dans sa chapelle privée (1). En 1390, elle fut érigée en église paroissiale; elle était située dans la cité, près la rue qui en porte encore le nom. Son image y brillait sur un autel; elle fut démolie en 1747 pour cause de vétusté.

En 1413, sous le règne de Charles VI, messire Pierre des Essarts fut entraîné à marcher, les pieds dans la boue et le sang, avec la faction terroriste des bouchers de Paris, dite des écorcheurs contre celle restée fidèle au roi, sous le spécieux prétexte de malversation du trésorier général, et y trouva la mort peu glorieuse dans une réaction générale.

Son frère, Antoine, fut arrêté et enfermé dans la tour du Louvre avec un grand nombre d'autres personnages qui y furent assom-

---

(1) Fauchette.

(2) Alexandre.

més ou traînés sur la claie en place de Grève pour y être brûlés vifs.

Pour lui, il attendait son tour dans des transes mortelles : pendant une nuit qui devait être la dernière, il lui semblait, pendant son sommeil agité, que la prison s'ouvrait avec un grand fracas de pas, de clefs, de portes et que saint Christophe entrait tout illuminé poser sa main sur son front, le lever et l'emmener à travers les gardes et le poser hors de sa prison, en lieu sûr.

A ce moment, ayant repris ses sens et toute illusion nocturne dissipée, la porte de la prison s'ouvrit en effet réellement sous le jeu des clefs et le grincement des gonds, mais c'était le geôlier qui lui signifiait de sa voix rogue de se lever et de marcher au supplice. La fatale charrette qui l'attendait dans la cour le conduisit en place de Grève et le jeta en face de juges iniques et de bourreaux hideux. Pour toute défense à un semblant d'acte d'accusation, il balbutia quelques mots qu'on n'entendit même pas.

O prodige! il fut absous et rendu à la liberté. N'avait-il pas vu saint Christophe pendant sa cruelle nuit?

Chrstiophorum videas postea tutus eas.

Il y a là toute une histoire, a dit Eyssette.

Rentré en fonction auprès du roi de France, Antoine des Essart n'oublia pas son céleste libérateur auquel il devait la vie, et pour lui marquer sa reconnaissance par un *ex voto* digne à la fois du saint et du service rendu, il fit élever de son vivant, en la cathédrale de Notre-Dame-de-Paris, l'énorme statue de saint Christophe, de 26 pieds de haut, destinée à transmettre aux générations futures le souvenir d'une éclatante protection. Elle fut adossée au pilier de droite.

Lui aussi fut représenté sur la forme d'un chevalier armé de toutes pièces, un genou en terre, les mains jointes et placé en face, contre le pilier de gauche, avec cette inscription en caractères gothiques :

« C'est la représentation de noble homme Antoine des Essarts, chevalier, jadis seigneur de Chinon et de Gatigny au val de Gulia, conseiller et chambellan du roi notre sire Charles VI, lequel chevalier a fait faire ce grand image en l'honneur et ressemblance de monsieur saint Christophe, en l'an MCCCCXIII — Priez pour son âme ! »

Ce fut en 1784 qu'on fit disparaître cette statue monumentale, au nom du bon goût, ainsi que celle de son pieux acolyte; cet acte de vandalisme se fût également accompli en 1793, au nom profané de la ...... liberté prisonnière, autrement dit la terreur, qui rougit du plus pur sang de ses enfants la noble terre de France.

L'abbé Velly demande, au nom de l'archéologie chrétienne, la restitution de l'*ex-voto* de 1413, n'ayant pas, dit-il, de Notre-Dame-de-Paris sans saint Christophe, comme appendice historique nécessaire.

Il n'y a pas non plus de Notre-Dame-de-Trèves sans saint Roch et sans saint Christophe qui unissent historiquement la France à la Terre Sainte.

Aussi la paroisse est heureuse de posséder ces deux antiques reliques du XVIe siècle.

Une tablette placée sous la statue de saint Christophe porte gravée :

« Cette image, bénie au XVIe siècle, à Chateauneuf, a été inaugurée en cette église le 28 juillet 1870, et exposée à la vénération des fidèles. Trivum — Chav. C.

V

Prière de 1423.

Glorieux martyr saint Christophe obtenez, nous vous en supplions, à tous ceux qui invoquent votre puissant secours d'être préservés des pestes, des épidémies, des tremblements de terre, de la foudre et des tempêtes, des incendies et des inondations. Protégez-les contre tous les châtiment providentiels soit du temps, soit de l'éternité. Délivrez-les de toute mort subite ou imprévue et de toute fin malheureuse. Ainsi-soit-il.

Prière de 1628.

Bienheureux saint Christophe, vous êtes du même pays que la Chananéenne qui obtint du Sauveur la guérison de sa fille.

La même grâce a touché votre cœur qui a brûlé de l'amour de Dieu et votre corps que l'eau et le feu de la terre n'ont pu atteindre.

Obtenez-nous l'eau de la grâce et le feu de l'amour de Dieu!

Vous avez marché sur les eaux, faites-nous marcher par-dessus le Dragon infernal et la fourmilière de nos mauvaises passions !

Quand les récoltes souffrent de la sécheresse, envoyez-nous la pluie en son temps favorable.

Vous avez converti des milliers d'infidèles par la parole et l'exemple de toutes les vertus, faites que nos paroles et nos exemples soient toujours dignes de notre dignité de chrétiens !

O bienheureux martyr qui avez reçu le coup

de la mort par l'épée d'un empereur ennemi de Dieu et de sa religion, prenez-nous sous votre protection ! que notre salut soit entre vos mains à la vie, à la mort, vous n'en sérez que plus riche de nous avoir mené au ciel, près de vous, et vous ajouterez ainsi une fleur, un diamant de plus à votre couronne. Ainsi soit-il.

Puisse notre opuscule, avec le secours d'en haut, raviver la foi ancienne envers un saint éminemment populaire et secourable !

FIN.

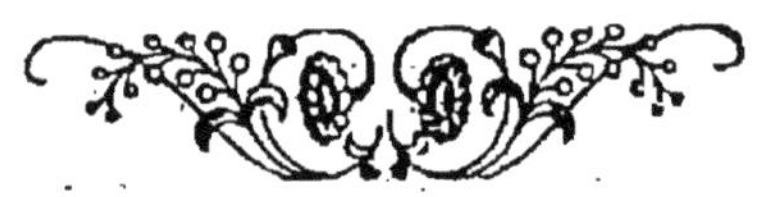

www.ingramcontent.com/pod-product-compliance
Ingram Content Group UK Ltd.
Pitfield, Milton Keynes, MK11 3LW, UK
UKHW022156260726
13993UKWH00005B/2403

9 782019 930011